Août 1889.

Un homme de bien vient de quitter cette terre ; les chrétiens disent : il est retourné à Dieu. Cet homme a vécu dans la pratique de la religion catholique. Il avait une foi simple et forte, une conscience très droite, sans détours, sans compromis ; sa bienfaisance venait de son cœur grand et généreux.

Cet homme était né d'un sang illustre ; son père a rempli les premières positions dans l'armée et dans l'État ; son éducation, ses aptitudes, le préparaient à la vie politique si les révolutions lui avaient laissé une place à conquérir par le mérite et non par la lutte hasardeuse du suffrage universel.

Tous ceux qui l'ont connu ont fait l'éloge de l'aménité de son caractère, de la sûreté de son jugement, de sa bonté, de son accueil toujours cordial, de sa dignité empreinte de bonne grâce et de distinction.

D'unanimes regrets ont éclaté à la nouvelle de sa mort. C'est pour répondre à ces hommages spontanés qu'une courte notice conservera le souvenir de cette existence bien remplie.

Gaspard-Louis-Aimé de Clermont-Tonnerre naquit le 15 mars 1812. Il était le premier-né des cinq enfants de Aimé-Marie-Gaspard de Clermont-Tonnerre et de Charlotte-Mélanie de Carvoisin d'Achy. Son frère Jules n'avait pas un an de moins que lui ; les deux enfants grandirent ensemble et leurs premières années se passèrent à Achy, avec de fréquents séjours chez leur tante la marquise de Radepont dont les enfants un peu plus âgés étaient des compagnons pour leurs jeux et leurs études. M. de Clermont-Tonnerre, père tendre et sévère, commença de bonne heure l'éducation de ses fils aînés. Il fut leur premier maître jusqu'au jour où il leur donna pour précepteur M. l'abbé d'Arassus, recommandé par Mgr de Clermont-Tonnerre.

Aimé se montra tout jeune sérieux et réfléchi ; un

esprit sage, un jugement sûr, se faisaient pressentir dès son adolescence, et son frère Jules disait de lui avec une sorte de respect : « Mon frère! mais il est très distingué, c'est déjà un homme. »

Pendant le passage du marquis de Clermont-Tonnerre aux ministères de la marine et de la guerre, ses enfants, toujours sous son œil et sous la surveillance de l'abbé, continuaient leur éducation, leurs études. Ils étaient privés de toutes les fêtes qui eussent pu les distraire, et même à l'époque du sacre du roi Charles X, le précepteur refusa à ses élèves le voyage de Reims à la suite de leur père, ministre de la guerre! Malgré cette austérité, les jeunes gens n'étaient pas sans voir dans le salon paternel, avec les royalistes ramenés aux premières places, les diplomates étrangers, les personnages politiques du jour, en même temps que les hommes les plus distingués de l'Empire disparu, qui étaient restés les camarades du général de Clermont-Tonnerre. Cela intéressait leur jeunesse, développait leur esprit d'observation et leur apprenait à juger les hommes.

Deux frères et une sœur avaient augmenté la famille qui se groupait autour de son chef, lors de la chute du ministère Villèle. C'est à Achy qu'ils passèrent les années suivantes, partagées avec des séjours soit à Radepont, à Pierrefitte près Saint-Denis, chez le comte de Carvoisin, et surtout à Glisolles où vivait le prince de Clermont-Tonnerre leur grand-père. Cet aïeul, mort à 89 ans, avait conservé presque jusqu'à la fin une rare vivacité d'esprit et une grande vigueur physique. Il montait à cheval, il chassait, il visitait ses voisins. Il plaignait ses petits-fils d'être « toujours à l'école ». Mais il était heureux de les voir se développer et répondre à toutes les espérances.

Le cardinal de Clermont-Tonnerre, archevêque de Toulouse, était l'objet du respect de ses petits neveux auxquels il administra le sacrement de confirmation. Aimé se rappelait lui avoir vu remettre la barrette cardinalice par le roi Louis XVIII, assis, au palais des Tuileries, auprès de la petite table rapportée de Mittau.

En 1832, Aimé et Jules entrèrent à l'École polytechnique avec une éducation très soignée, aussi littéraire que scientifique, sachant parfaitement le latin, le grec et aussi les langues vivantes, l'italien, l'anglais, l'allemand, qui procurèrent à Aimé de grandes satisfactions dans ses voyages ou ses loisirs.

Les deux années passées à l'École lui avaient laissé les meilleurs souvenirs dont les échos retentissaient dans ses conversations ; il aimait à retrouver ses camarades dans leurs diverses carrières et aussi dans ces repas annuels de promotion auxquels il assista jusqu'à ce que leur fin fût marquée par leur cinquantaine.

A la sortie de l'École polytechnique, avec le grade de lieutenant d'artillerie, Aimé de Clermont-Tonnerre donna sa démission et se maria.

Le marquis et la marquise de Clermont-Montoison lui avaient destiné leur fille unique, Cécile, s'estimant heureux de trouver un gendre qui réunissait tous les avantages désirables.

Dès lors, à Saulon et à Dijon, comme à Glisolles et à Paris, il se dévoua à ses deux familles et mena une vie sérieuse dans leur intérieur. Quelques voyages en Allemagne, en Suisse, à Spa, interrompaient la monotonie d'existence qu'avait imposée à la jeunesse légitimiste la révolution de Juillet.

En décembre 1842 la naissance d'un fils le combla de joie; en janvier 1847 naquit une fille; mais déjà l'on pouvait pressentir que la mère de ces deux enfants leur avait donné, avec l'existence, toutes ses forces vitales. Elles s'épuisèrent peu à peu; dès la fin de l'année 1847, M. de Clermont-Tonnerre devint veuf et se consacra désormais à ses jeunes enfants; son fils et sa fille pourraient seuls dire quels trésors d'affection, d'indulgence renfermait son cœur si paternel.

Des deuils profondément sentis allaient encore attrister sa vie et renouveler pour ses parents celui de la mort de leur fille, la comtesse de Lubersac, décédée à Naples à 20 ans. — En l'année 1849 il était déjà inquiet de la santé de son frère Jules, atteint d'une maladie de langueur, lorsqu'il apprit la mort foudroyante de son frère Gaspard, enlevé par une diphtérite et laissant après lui deux petits enfants à sa jeune veuve! Jules s'éteignit à la fin de cette même année. Trente-cinq ans plus tard il devait pleurer encore la perte de son plus jeune frère, Aynard, général de brigade, enlevé prématurément aussi à 56 ans.

En 1853, c'était la marquise de Clermont-Montoison qui quittait ce monde après avoir reçu de son gendre les soins du meilleur des fils. Elle avait pour lui une vive affection, une estime profonde, mêlée de reconnaissance pour les treize années de bonheur données à sa fille.

Le marquis de Clermont-Montoison s'éteignit deux ans après. Il avait acquis, en 1844, le château d'Ancy-le-Franc conjointement avec le marquis de Clermont-Tonnerre. Très jeune encore lorsque celui-ci traversait en chaise de poste la cour d'honneur de ce grandiose édifice, bâti par ses ancêtres, il se sentait épris des souvenirs lointains qui lui inspiraient un vif intérêt, et, songeant au passé du Comté de Tonnerre, il ne se doutait pas qu'il lui serait donné d'en ranimer un jour les restes. La restauration artistique de cette belle demeure, pour constituer une œuvre raisonnable, devint une œuvre de longue haleine.

En 1857, M. de Clermont-Tonnerre voulant donner un guide à sa fille et assurer la dignité de son foyer avait épousé Mlle Marie de Nettancourt-Vaubecourt. Pendant trente-deux ans la nouvelle compagne de sa vie comprit et partagea les goûts de son époux pour l'œuvre des artistes de la Renaissance, pour la replantation du parc et l'embellissement des jardins. Elle s'associa à sa bienfaisance, à ses généreuses aumônes, à la création d'une école maternelle, à la construction du chœur de l'église d'Ancy-le-Franc et au don du maître-autel. A Tonnerre, M. de Clermont-Tonnerre aida à l'établissement d'une école libre de garçons et il eut, avant sa mort, la satisfaction de la voir remise aux mains des frères Maristes qui firent hommage à sa mémoire de leurs premiers succès.

Tous ces travaux étaient entrecoupés par d'intéressants voyages : en Dauphiné pour y revoir la vieille tour de Clermont ; à Londres, en Ecosse, en Algérie. Il assista en 1869, auprès de M. de Lesseps, à l'inauguration du canal de Suez et à la magnifique fête offerte, à Ismaïlia, à l'impératrice Eugénie. C'était la dernière à laquelle prenait part, avant nos revers, une France brillante et jalousée.

Mais deux dates heureuses pour sa famille sont à inscrire ici : Roger, marquis de Clermont-Tonnerre, a épousé le 5 août 1868 Mlle Beatrix de Moustier.

Mlle Mélanie de Clermont-Tonnerre est devenue la marquise de Lur-Saluces, le 28 avril 1870.

On ne prévoyait pas alors la prochaine guerre. Le duc de Clermont-Tonnerre en passa le temps à Ancy-le-Franc dans une profonde tristesse des malheurs de sa patrie. Il avait laissé à Glisolles sa mère, âgée de 78 ans. Ame forte dans sa frêle constitution, elle s'était entourée de femmes de tous les âges. C'est là que le lendemain de la reddition de Paris naquit son arrière-petit-fils Philibert de Clermont-Tonnerre. La nouvelle de cette naissance fut la seule joie qui éclaira Ancy-le-Franc depuis le commencement de la guerre.

En 1872, M. de Clermont-Tonnerre alla à Rome. Il voyait la ville éternelle pour la première fois. Deux audiences de Pie IX lui laissèrent de précieux souvenirs. Le Saint-Père se rappelait avoir connu le cardinal de Clermont-Tonnerre. Pendant quinze jours trop courts, les principales merveilles de Rome furent entrevues par le voyageur étonné d'avoir passé tant d'années sans être venu visiter les magnificences de la ville éternelle.

Le duc de Clermont-Tonnerre avait toujours eu le goût de la politique ; habitué dès sa jeunesse aux plus hautes relations, il avait consacré ses loisirs à l'étude de l'histoire et comparait en philosophe les temps modernes aux variations du passé. Très fidèle au principe de la Monarchie française, il était légitimiste, avec des vues larges, modérées, ne donnant pas dans les exagérations des partis extrêmes ; il se sentait plutôt apte à servir un gouvernement régulier qu'à lutter dans l'opposition. Sa fidélité respectueuse et son attachement au Prince ne lui laissaient pas d'illusion sur les conséquences d'un caractère qui peut-être manqua d'audace pour saisir les rares occasions favorables dont aurait pu profiter une nouvelle restauration. Monsieur le Comte de Paris reçut le loyal hommage de son dévouement.

Pendant trente-cinq ans M. de Clermont-Tonnerre a été conseiller général pour le canton de Conches. Cette situation lui plaisait par les bons rapports qu'elle lui donnait avec les hommes supérieurs du département de l'Eure et par ceux qu'il entretenait avec ses fidèles électeurs. Les services rendus aux particuliers, aux communes, au canton, surtout à son chef-lieu en y faisant maintenir la tête de ligne du chemin de fer de Conches à Laigle et obtenir des dons importants pour la restauration des vitraux de l'église, tout cela maintenait entre la population et son élu d'excellents rapports très appréciés par le conseiller général. A Glisolles, chez son père et sa mère, avant d'y être chez lui, M. de Clermont-Tonnerre avait su prendre une situation personnelle pleine de déférence envers ses parents. Il fut la couronne de leur vieillesse et leur consolation par l'espoir d'être continués là où ils sont morts. Il eut la douleur de les perdre l'un en 1865, l'autre en 1874.

Dans chacun des départements de l'Yonne et de l'Eure, M. de Clermont-Tonnerre présida une fois la Société centrale d'agriculture. A Tonnerre, la Société d'arrondissement lui conserva jusqu'à la fin sa présidence.

La société centrale de sauvetages des naufragés l'avait pour vice-président depuis sa fondation; il lui a légué une somme de dix mille francs.

Enfin à Glisolles il avait accepté d'être maire de cette petite commune. Il exerçait ces modestes fonctions comme des actes de bon citoyen.

Telle fut cette vie simple, digne d'un gentilhomme de ce temps.

Un an à peine après la mort de sa mère, M. de Clermont-Tonnerre avait eu une atteinte de paralysie qui lui enleva l'agilité gardée jusqu'alors. Cette épreuve fut patiemment supportée ainsi qu'une longue maladie en 1880. Celle qui précéda sa fin n'altéra pas son égalité d'humeur, sa gaîté douce, sa reconnaissance pour la tendresse qui l'entourait de soins et pour le dévouement de ses serviteurs. Lorsqu'on le plaignait il répondait : C'est le bon Dieu qui le veut!

Une congestion l'enleva sans souffrance, lui ayant

laissé assez de présence d'esprit pour être muni, en pleine connaissance, des sacrements de notre Mère la sainte Église.

Il prononça quelques paroles pieuses. Il baisa le Crucifix qui avait reçu le dernier soupir de la mère de ses enfants, et son âme retourna dans le sein de Dieu !

Quelques heures après sa mort, son beau visage, aux traits si réguliers, avait une remarquable expression de sérénité qui frappa tous ceux qui vinrent prier auprès de lui. Chacun se retirait en disant :

Bienheureux ceux qui meurent dans le Seigneur.

C'était le 19 juillet 1889.

OBSÈQUES DE M. LE DUC DE CLERMONT-TONNERRE

C'est mardi 23 juillet à onze heures et demie du matin, qu'ont eu lieu, à Glisolles, les obsèques de M. le duc de Clermont-Tonnerre, vice-président du conseil général de l'Eure.

L'entrée du château était tendue de draperies funéraires surmontées de l'écusson des Clermont-Tonnerre (deux clefs d'argent en sautoir sur champ de gueules; devise : *Si omnes, ego non*).

Outre la présence de M. le préfet de l'Eure, on remarquait un grand nombre de membres du conseil général et plusieurs anciens conseillers généraux, et à leur tête M. Pouyer-Quertier, sénateur, président du conseil général de l'Eure, le plus vieil ami du regretté défunt; puis, M. Le Ménager, conseiller d'arrondissement; les membres du conseil municipal de Glisolles; M. Ragiot, inspecteur de la société centrale des naufragés; M. Izarn, vice-président de la société libre d'agriculture de l'Eure; M. Paul Letaud, maire de Conches; le général de Quélen, commandant la subdivision de l'Eure; le colonel de Buros, commandant le 6e de dragons, à la tête d'une délégation de MM. les officiers du régiment; enfin une foule de notabilités de la région et de personnes de toute conditions venues d'Evreux et des environs.

Le deuil était conduit par M. le marquis de Clermont-Tonnerre, M. le marquis de Lur-Saluces et les autres membres de la famille.

Les compagnies de sapeurs-pompiers de Conches et de Nogent-le-Sec formaient l'escorte.

Les bannières de l'Union musicale de Conches, de la Société de secours mutuel des fonderies du Vieux-Conches, des confréries de charité précédaient le cercueil, qui était porté par les frères de charité de la Bonneville.

Le préfet de l'Eure, le président du conseil général, le général de Quélen et l'adjoint au maire de Glisolles tenaient les cordons du drap mortuaire.

L'office des morts a été célébré par M. l'abbé Gaguin, curé de Glisolles. M. l'abbé Fillion, vicaire général, grand archidiacre, représentant Mgr l'évêque d'Evreux, présidait la cérémonie, assisté de M. l'abbé Lenormand, chanoine de la cathédrale, et de M. l'abbé Chilard, ancien aumonier militaire, curé de Saint-Sébastien; il a donné l'absoute.

M. l'abbé Fillion adressa à la pieuse assemblée les paroles suivantes :

Mes Frères,

« Si Mgr l'évêque d'Evreux n'était pas forcément retenu loin de son diocèse, c'est lui-même qui serait venu répandre aujourd'hui sur cette dépouille mortelle les dernières prières et les suprêmes bénédictions.

« J'ai reçu de lui mission de le remplacer dans ce funèbre ministère ; mais, si loin qu'il soit, soyez bien sûrs que son cœur prie avec nous pour celui qui vient de paraître devant Dieu.

« Quand la sainte Eglise prie et pleure, comme aujourd'hui, sur un fils qui l'a honorée par une vie profondément chrétienne, qui a toujours vaillamment défendu sa cause, et généreusement, magnifiquement soutenu ses œuvres, sa prière est assurée d'une particulière confiance et sa douleur toute pénétrée d'une céleste consolation. Vivons donc nous-mêmes de telle sorte qu'à notre dernier jour la sainte espérance aux miséricordes de Dieu ait le droit de calmer la crainte de ses justices, et que ceux qui prient pour vous soient fondés à se dire, il est sauvé et nos prières achèveront de lui ouvrir le Ciel. »

Après la messe, les restes mortels de M. le duc de Clermont-Tonnerre ont été conduits au caveau de famille, situé à l'extrémité du modeste cimetière de la paroisse.

M. Pouyer-Quertier s'est alors avancé jusqu'au seuil du caveau, et, d'une voix profondément émue, a prononcé les paroles suivantes :

« Messieurs, au nom du département de l'Eure, au nom du conseil général, laissez-moi vous exprimer les profonds regrets que nous inspire l'immense perte que nous venons de subir. M. le duc de Clermont-Tonnerre tenait au milieu de nous une place qui ne pourra jamais être remplie. Tous ses collègues, à quelque opinion qu'ils appartinssent, se plaisaient à reconnaître dans ce parfait gentilhomme la noblesse des sentiments et la droiture du jugement jointes à une bonté sans limites et à une bienveillance que rien ne pouvait altérer.

« Il fut appelé, à plusieurs reprises, à la vice-présidence du conseil, non pas seulement à cause de son illustre nom, mais surtout à cause des qualités de cœur et d'esprit que nous nous plaisions tous à reconnaître en lui.

« Défenseur énergique et zélé de tous les principes sur lesquels reposent la force, la sécurité et la stabilité des sociétés modernes, fidèle aux anciennes traditions qui furent la gloire et l'honneur de sa famille, il sut s'attacher en ce monde à développer tout ce qui pouvait protéger l'ordre, la religion et la vraie liberté. Ami sincère de toutes les institutions bienfaisantes et libérales qui peuvent venir en aide à notre pauvre humanité, il s'était pris d'une véritable affection pour cette société à laquelle notre pays est redevable de tant de secours portés aux naufragés pour arracher à la mort, par des prodiges de courage et de valeur, tant de victimes qui lui doivent encore aujourd'hui la vie.

« Avant que ce cercueil disparaisse pour toujours

dans la tombe, laissez-moi dire un dernier adieu à cet homme de bien qui laisse au milieu de nous des souvenirs qui ne s'effaceront jamais de nos cœurs.

« Nous ne pouvons songer en ce monde à adoucir les douleurs si cruelles de l'éternelle séparation; mais M. le duc de Clermont-Tonnerre est mort en vrai croyant. Ceux qu'il laisse sur cette terre retrouveront cet homme de bien dans la nouvelle patrie où Dieu vient de le rappeler pour le placer au milieu de ses élus.

« Au nom du conseil général, adieu, cher collègue, adieu! »

M. Le Ménager s'est ensuite exprimé en ces termes:

« Messieurs, je viens apporter, au nom du canton de Conches, sur la tombe de M. le duc de Clermont-Tonnerre, le respectueux hommage de notre profonde douleur, de notre vive reconnaissance.

« Les paroles pleines d'une émotion si vraie, autorisées entre toutes, de l'éloquent président du conseil général de l'Eure viennent de montrer tel qu'il était le caractère public de l'éminent conseiller général, ses services patriotiques. Permettez-moi de vous entretenir de ses vertus privées, de sa vie intime dans ce canton, de la valeur du vrai, du bon citoyen. Ce devoir, quoique douloureux, m'est doux à remplir, à moi qu'il combla de sa confiance et de son affection.

« Administrés, fermiers, serviteurs, ouvriers,

tous vous diraient combien était léger le poids de son autorité, combien active et vigilante était sa sollicitude pour leur bien-être et leurs affaires. Les malheureux avaient, eux aussi, des droits particuliers sur son cœur; non seulement il les soulageait de sa bourse, mais il aimait à les aider de ses conseils pratiques, à s'occuper de leurs intérêts.

« Il doublait le prix de ses bienfaits par la grâce simple et affectueuse, la délicatesse exquise avec lesquelles il les prodiguait. Il ne se contentait pas de faire le bien, il savait le bien faire. Il ne fut pas seulement le vice-président généreux de la société centrale de sauvetage des naufragés : il fut lui-même le sauveteur intrépide, infatigable de bien des naufragés de la misère et du malheur.

« Toutes les sociétés utiles, toutes les œuvres charitables de cette contrée l'ont compté parmi leurs membres les plus passionnément dévoués. Les ouvriers de la vieille industrie de Conches et de la Bonneville pourront-ils jamais oublier l'honneur qu'il leur fit, il y a quelques mois, en venant présider dans leurs forges cette enquête de l'Association normande, destinée à récompenser solennellement les travailleurs dévoués?

« Vous vous souvenez, car je vous vois ici fidèles et attristés, groupés sous votre bannière, portant pour la première fois les médailles dont vous ne comptiez vous parer qu'aux jours de fête. Vous avez toujours présente la belle figure du président, son affabilité cordiale, cette bienveillance qui allait droit au cœur des autres, car elle sortait du sien.

« Et les dernières paroles qu'il vous adressa avec le charme d'une voix que nous n'entendrons plus, laissez-moi les rappeler ; ce sont les dernières, je crois, qu'il prononça publiquement au milieu de nous .

« Je vous exhorte, vous dit-il en vous quittant, à « persévérer dans la pratique du devoir, pour con- « server l'estime dont vous jouissez dans la contrée, « et à transmettre intact à vos enfants le legs d'hon- « neur et de probité que vous avez reçu de vos pères « Courage, mes amis ! tenez haut et ferme votre dra- « peau, le drapeau du travail, de la loyauté indus- « trielle ! »

« Voilà, Messieurs, le noble langage que savait tenir à nos populations cet homme toujours et partout digne d'exemple. Aussi l'affluence qui entoure ce cercueil n'apporte-t-elle que des bénédictions et des larmes.

« Il y a bientôt un quart de siècle, les dignitaires de l'État, les représentants du département étaient réunis dans ce modeste cimetière. Ils venaient rendre un dernier et éclatant hommage à l'illustre chef de la maison de Glisolles. Une foule immense était accourue comme aujourd'hui, s'incliner sur une tombe. Et les habitants de cette commune et du canton, désolés et inquiets, se demandaient avec anxiété, dans leur affection, si la belle demeure hospitalière de Glisolles ne serait pas désormais fermée. Une épouse dévouée resta la providence de ce pays, et le nouveau chef de famille, le fils que nous pleurons aujourd'hui, fit revivre autour de nous la belle âme de son père et poursuivit l'œuvre de ses bienfaits.

« Aujourd'hui, ce même foyer ne restera pas désert ; la main bénie qui distribuait avec le « bon duc », comme on disait dans ce village, les trésors d'une charité inépuisable, et le fils et les enfants auxquels nous offrons le tribut de la sympathie de tous, continueront à répandre les mêmes bienfaits au milieu de cette population où les attend le plus inébranlable attachement.

« Une vie toute de vertus, comme la vie du duc de Clermont-Tonnerre demeure au-dessus de nos vaines louanges, de nos plus respectueux souvenirs. Dieu seul, qui inspire ces vertus et les soutient, peut les récompenser dignement. Aussi est-ce vers lui que ce chrétien tournait ses regards au jour de la mort comme en toute sa vie.

« C'est pour sa dévouée compagne et ses enfants tendrement chéris, sa famille, ses amis, la consolation suprême, la suprême espérance.

« Adieu ! Adieu, vous qui, grand par la naissance, par la situation sociale, par la fortune, avez voulu être un *grand homme de bien*. Vous vous survivrez par l'exemple, par la reconnaissance.

« Heureux ceux qui vivent et meurent comme vous, laissant à leurs fils, de tous les héritages le le plus précieux, l'honneur d'un nom illustre, le glorieux et salutaire exemple d'une vie sans reproche.

« Au nom du canton de Conches, qui vous aimait tant, adieu pour la dernière fois ! »

A son tour, M. Ragiot, officier supérieur de la

marine, au nom de la société centrale de sauvetage des naufragés, a pris la parole en disant :

« Messieurs, les discours que vous venez d'entendre ont retracé d'une manière éloquente et touchante la vie si bien remplie de M. le duc de Clermont-Tonnerre ; permettez-moi maintenant de me faire l'interprète des profonds regrets qu'inspire à la société centrale de sauvetage des naufragés la perte de son vénéré vice-président.

« M. le duc de Clermont-Tonnerre, qu'aucune grande pensée de charité ne pouvait laisser indifférent, s'associa à l'œuvre du sauvetage maritime dès son origine. Il en fut nommé vice-président peu de temps après sa création, en 1867. Il ne cessa dès lors d'apporter le concours le plus dévoué aux nombreux travaux nécessités par l'organisation d'un service aussi important qui protège notre littoral contre les conséquences funestes des terribles accidents de mer.

« Les nombreuses stations de canots et d'engins de sauvetage qui ont permis d'arracher plus de 5,000 victimes à la fureur des flots disent assez les efforts faits pour doter la France d'une institution humanitaire dont le pays peut être fier, car elle rivalise non sans succès avec les institutions analogues des autres puissances maritimes.

« M. le duc de Clermont-Tonnerre fut avec votre compatriote, le toujours regretté vice-amiral de la Roncière-le-Noury, avec l'amiral Rigault de Genouilly, avec le baron Gudin et tant d'autres hommes de grand cœur et de grand mérite, l'ouvrier de la première heure.

« Pendant plus de vingt-quatre ans il a pris la part la plus active à la réalisation des progrès de la société centrale des naufragés. Il lui donnait encore, il y a quelques semaines à peine, un dernier témoignage d'affection et de dévouement en suppléant l'éminent contre-amiral marquis de Montaignac et en présidant l'assemblée générale solennelle de tous les membres bienfaiteurs et fondateurs de l'œuvre.

« Sa perte laissera un bien grand vide parmi nous. Tous ses collègues du conseil d'administration, qui appréciaient à un aussi haut degré son extrême bienveillance et son éminent caractère, partagent la profonde douleur de sa famille et de ses nombreux amis. »

Enfin le maire de Conches, M. Paul Letaud, a rendu, en ces termes, un suprême hommage au regretté défunt :

« Avant que cette tombe soit fermée, je veux à mon tour, au nom de la ville de Conches, dire un dernier adieu, adresser un dernier hommage à l'homme de bien qui vient de s'éteindre.

« Les titres de M. le duc de Clermont-Tonnerre à la reconnaissance de notre cité sont trop nombreux pour que j'essaie d'en faire une énumération même incomplète. Qu'il me suffise de dire qu'à chaque pas on retrouve les preuves de cette action protectrice. La ville, les sociétés, les corporations locales, les particuliers eux-mêmes ont fait cent fois, et jamais en vain, appel à son inaltérable bienveillance. L'accueil était si engageant, la parole si douce et si encourageante qu'on revenait presque forcément, dès la première difficulté, vers ce protecteur naturel, au risque d'abuser de son inépuisable complaisance. Je ne parlerai pas de sa charité, car elle était aussi discrète que large, et je craindrais d'attrister encore, en divulguant ces secrets, la collaboratrice de ces bonnes actions, la femme éminente qui pleure en ce moment et dont nous partageons respectueusement le chagrin.

« Monsieur le duc de Clermont-Tonnerre, la ville de Conches sait ce qu'elle vous doit, et elle veut que sa gratitude soit publiquement manifestée. Le conseil municipal, avec une unanimité qui ne m'a pas surpris, a tenu à honneur de vous offrir, sous la forme d'une couronne, un modeste mais sincère hommage de sa respectueuse sympathie.

« Nous nous rendons compte de la perte immense que nous venons de faire ; mais nous répondrions mal aux exemples que vous nous avez donnés en nous laissant aller au découragement. Nous tournons avec confiance les yeux vers l'avenir, car l'œuvre à laquelle vous vous êtes dévoué est de celles qui durent aussi longtemps que le monde, et votre tâche sera continuée, j'en ai la ferme confiance. Le souvenir de vos vertus et les nobles exemples que vous avez laissés soutiendront les courages de ceux auxquels incombera cette noble mission.

« Monsieur le duc, notre cher et regretté conseille

général, au nom de la ville de Conches, adieu ! »

Nous ne saurions dire la poignante émotion qui étreignait tous les cœurs en écoutant ces discours empreints d'une profonde affliction. Les sentiments manifestés par tous ceux qui ont assisté à cette douloureuse cérémonie sont de nature à apporter à la famille les plus précieuses consolations, car ils sont un témoignage des vives et unanimes sympathies qui entoureront longtemps la mémoire de son vénéré chef.

A l'ouverture de la séance du conseil général de l'Eure, M. Pouyer-Quertier, président, remercie ses collègues de la nouvelle marque de sympathie et de bienveillance qu'ils viennent de lui donner en le choisissant cette année encore pour leur président. Il ajoute :

« Depuis notre dernière session, un nouveau vide a été fait par la mort dans nos rangs. Notre digne et vénéré collègue, M. le duc de Clermont-Tonnerre, a été emporté par une cruelle et fatale maladie. Vous connaissiez tous, Messieurs, son exquise affabilité, son généreux cœur, vous admiriez tous son patriotique dévouement aux intérêts qui lui étaient confiés depuis de longues années par le canton de Conches. Vous l'aimiez tous pour son extrême bienveillance et pour sa bonté qui ne connaissait point de limites. A plusieurs reprises, vous l'avez appelé à la vice-présidence, qu'il fut heureux de partager avec ses meilleurs amis, le regretté comte de Valon et notre honorable et bien-aimé doyen, M. le comte de Blangy. Il ne laisse dans le conseil général que des amis, et nous n'oublierons pas l'exemple qu'il nous a toujours donné, par ses vertus et par sa fidélité aux nobles traditions qui lui avaient été léguées par ses illustres aïeux. Que dans ces douloureuses épreuves, Mme la duchesse de Clermont-Tonnerre et sa famille veuillent bien agréer l'expression des regrets profonds et unanimes du conseil général de l'Eure. » — (Assentiment général.)

LETTRE

DE SON ÉMINENCE

MONSEIGNEUR L'ARCHEVÊQUE DE SENS

A Mme LA DUCHESSE DE CLERMONT-TONNERRE

---

24 juillet 1889.

MADAME LA DUCHESSE,

C'est assez loin de Sens que je reçois la nouvelle du malheur qui vous frappe! Je comprends votre douleur que je partage de tout cœur. Que j'étais loin de m'attendre à cette catastrophe, lorsque j'eus l'honneur de recevoir l'hospitalité dans votre château d'Ancy-le-Franc.... et voilà que deux mois après la mort, l'impitoyable mort le ravit à sa famille et à ses amis! Je dois ajouter : à mon diocèse où il faisait tant de bien avec votre concours. Aucune bonne œuvre ne le trouvait indifférent, sa bourse était ouverte pour toutes les œuvres comme l'était son cœur. Que de regrets lui donnent Ancy-le-Franc et Tonnerre, ils ont perdu un bienfaiteur qui ne se lassait jamais, comme il ne se lassait pas de donner de bons exemples. Vous, Madame la duchesse, qui avez partagé la vie de l'excellent mari que vous pleurez, vous mieux que personne vous connaissiez les qualités de son noble cœur, aussi la séparation doit déchirer bien cruellement votre âme. Mais il ne doit pas se contrister comme ceux qui n'ont pas d'espérance, la séparation sera momentanée et la réunion sera éternelle.

Vous devez aussi trouver un allégement à votre douleur dans la mort si chrétienne, si pieuse de Monsieur le duc, sa sainte vie ne pouvait avoir un autre couronnement.

Ce matin j'ai célébré la messe pour le cher défunt et je ne l'oublierai pas dans mes prières.

† V. F. cardinal Bernadou,

Archevêque de Sens.

A Ancy-le-Franc, à Tonnerre, mêmes regrets, mêmes hommages qu'à Glisolles.

M. Garrel écrivait dans le journal de la localité :

Nous aurions été heureux de rencontrer une plume plus autorisée que la nôtre pour retracer le rôle du défunt dans nos contrées où sa mémoire est restée en vénération.

Président de la société d'agriculture de Tonnerre, M. le duc de Tonnerre a su lui donner la plus grande impulsion en recommandant les meilleures méthodes de culture pour les céréales et pour la vigne. Toujours sur la brèche, on le voyait à chaque concours encourager ses cultivateurs qu'il aimait tant et leur prodiguer ses conseils, tout en puisant largement dans sa bourse pour fonder des prix en faveur des plus méritants. Sous son habile direction, l'agriculture a fait de remarquables progrès dans nos contrées.

Possesseur du château d'Ancy-le-Franc qu'il avait racheté de M. le marquis de Louvois, M. de Tonnerre consacra des sommes considérables à la restauration de cette magnifique demeure, une des merveilles du Tonnerrois et qui fait aujourd'hui l'admiration de tous.

L'église d'Ancy-le-Franc a été aussi l'objet de ses libéralités et il a contribué largement à sa réparation en même temps qu'il fondait dans son château une école pour les jeunes filles sous la direction des religieuses.

A Tonnerre, les églises de Notre-Dame et de Saint-Pierre ont été constamment l'objet de ses bienfaits. Il restait ainsi fidèle aux traditions de sa famille qui en 1590 avait fait reconstruire Saint-Pierre détruit en partie dans l'incendie de 1556.

Au mois d'août 1882 lorsque furent fondés dans toute la France les comités des écoles libres, M. le duc de Tonnerre fut appelé par une acclamation unanime aux fonctions de président du comité de l'arrondissement de Tonnerre. Grâce à son habile impulsion, à sa générosité et à celle de ses collègues, fut fondée l'école Saint-Germain qui, sous la religieuse et paternelle direction des Frères Maristes, est appelée à rendre les plus grands services à nos familles chrétiennes.

Cette école était l'objet de ses constantes préoccupations ainsi que les diverses écoles religieuses de l'arrondissement. Assidu à toutes les réunions du comité de Tonnerre, on le voyait assister aussi avec joie aux distributions de prix de l'école Saint-Germain, prodiguant aux enfants les meilleurs conseils, dans ce langage gracieux et paternel dont il avait le secret.

Dévoué au delà de toute expression à cette œuvre si utile des écoles libres, M. le duc de Tonnerre a contribué à la rendre prospère, grâce à cette générosité sans bornes qu'il mettait toujours au service de toutes les institutions qui avaient pour but le bien de l'humanité. Jusqu'à son dernier soupir M. le duc de Tonnerre est resté fidèle à la devise de ses ancêtres, *Si omnes, ego non.*

Son fils, sa digne veuve qui depuis tant d'années déjà s'est associée à ses bonnes œuvres, continueront les traditions de bonté et d'inépuisable charité qui distinguent cette noble famille des Clermont-Tonnerre dont le chef vénéré vient d'être enlevé à notre affection.

Qu'ils trouvent dans ces quelques lignes, qui ne

rendent que bien imparfaitement notre pensée, un témoignage de nos respectueuses sympathies et de nos profonds regrets.

A. G.

Le 27 juillet à la distribution des prix de l'école Saint-Germain de Tonnerre, une assistance nombreuse s'est associée aux sentiments de profonds regrets exprimés par la voix du vice-président du comité à l'occasion de la perte douloureuse qui venait de frapper la contrée.

M. Desnoyers, en ouvrant la séance, a pris la parole en ces termes :

« Il a été déjà rendu à la mémoire de notre vénéré et profondément regretté président de bien justes tributs de regrets. Animés du même sentiment, vous avez voulu, chers enfants, reconnaître les bienfaits de M. le duc de Clermont-Tonnerre et de son éminente compagne en abandonnant la partie récréative de la cérémonie qui doit récompenser vos travaux de l'année, sacrifice dont on ne saurait trop vous louer ; mais vous élevant plus haut, vous avez désiré faire ce matin mémoire de votre bienfaiteur au saint sacrifice de la messe.

« Pour nous qui avons été associés intimement à l'œuvre dont vous recueillez aujourd'hui, ainsi que vos familles, les grands avantages, qui avons été l'intermédiaire de ses libéralités, notre bouche ne peut rester muette, notre parole doit se faire entendre. Nous ne saurions assez dire la droiture de son jugement, sa constante sollicitude, son respect de la légalité, alors même que ses sentiments de justice étaient mis à l'épreuve, sa persévérance dans la poursuite du succès et son ardent désir d'assurer l'avenir. Toujours disposé à encourager et à aider, il eût été heureux de remercier en ce jour vos maîtres si dévoués, si dignes de votre affection et de toute la confiance de vos familles ; il aurait applaudi aux témoignages autorisés que des hommes éclairés viennent de rendre à vos efforts et à l'habile direction de vos études.

« Chers enfants, vous payerez à la mémoire de notre bien cher président un juste tribut de reconnaissance en continuant avec zèle à profiter des enseignements qui vous sont donnés, en honorant et aimant les maîtres placés à la tête de cette maison, enfin en conservant dans vos cœurs affectionnés une place à un bienfaitenr si soucieux, ainsi que sa famille, de vos plus précieux intérêts. »

M. l'abbé Garnier, archiprêtre de Notre-Dame, prononce ensuite une allocution dont voici l'extrait :

Mes chers Enfants,

« Je m'associe de tout cœur à l'hommage mérité que notre honorable et sympathique vice-président vient de rendre en termes émus à la mémoire de M. le duc de Clermont-Tonnerre.

« Oui, celui que nous pleurons n'était pas grand seulement par la naissance, la fortune, la position sociale ; il était grand surtout par le cœur et la foi, comme on l'a dit sur sa tombe : toutes les sociétés utiles, toutes les œuvres charitables perdent en lui un de leurs membres les plus passionnément dévoués. Que de services il a rendus à la cause de l'enseignement libre en particulier ! Quand la loi du 28 mars 1882 fut imposée à la France catholique par une poignée de sectaires, il se leva un des premiers, et, réunissant autour de lui des hommes de cœur et de foi comme lui, il fonda cette école de Saint-Germain, où vous recevez, mes enfants, avec le bienfait d'une instruction solide, le bienfait mille fois plus précieux encore d'une éducation franchement chrétienne.

« Le bon duc » n'est plus ; il est passé à une vie meilleure ; mais il laisse une noble veuve dont la main bénie continuera de répandre, comme on l'a dit si bien encore, les trésors de son inépuisable charité. Il laisse aussi, pour perpétuer son nom et sa mémoire, un fils digne de lui. »

18400. — Paris. Imprimerie F. Levé, rue Cassette, 17.

www.ingramcontent.com/pod-product-compliance
Ingram Content Group UK Ltd.
Pitfield, Milton Keynes, MK11 3LW, UK
UKHW020518180726
13839UKWH00005B/2175